AF563612

SOUVENIRS

DE

FAMILLE

LES

RIBARD

LOUVIERS
IMPRIMERIE EUG. IZAMBERT, RUE DU MATREY

1896

Souvenirs de Famille

SOUVENIRS

DE

FAMILLE

LES

RIBARD

LOUVIERS

IMPRIMERIE EUG. IZAMBERT, RUE DU MATREY

1896

SOUVENIRS DE FAMILLE

Parmi les familles justement honorées à Rouen, durant le XVIIIe et au commencement du XIXe siècle, on peut citer en première ligne, la famille RIBARD.

Au mois de septembre 1890, le *Nouvelliste de Rouen*, insérait l'article suivant dans sa chronique locale :

« C'est sur l'emplacement de la rue Fleurus Duvivier que s'élevait le curieux hôtel (démoli lors des gros travaux de 1859), que la famille Ribard qui comptait parmi les plus considérables du grand commerce rouennais a habité pendant plusieurs siècles. Sous Louis XIV, ce fut un Ribard qui, grâce à des relations commerciales très-étendues, put procurer à Colbert une partie des grains nécessaires à l'alimentation de Paris, lors de la disette qui suivit les guerres de Hollande.

« Sous Louis XVI, un Ribard dont le portrait figure dans le grand tableau de Lemonnier, était juge-consul et échevin. Lorsque vinrent les mauvais jours de la Révolution, il envoya son argenterie à l'hôtel de ville afin qu'elle fut fondue et que le produit en revint aux indigens. Puis, lorsque nombre d'églises furent supprimées, il acheta Saint-Vincent, qu'il sut si bien protéger pendant la Terreur que, lorsque le calme revenu, il en fit sous certaines réserves, don à la ville, le monument était tel que lors de la fermeture.

« Son fils, M. Prosper Ribard, fut, en 1815, élu le premier parmi les députés de la Seine-Inférieure et fut maire de Rouen. Tous ces titres et bien d'autres que nous ne pouvons rapporter ici, nous sembleraient motiver que le souvenir de cette famille fut conservé à Rouen en donnant son nom à la rue voisine de sa demeure et de l'église qu'il a sauvée. »

Dans la *Gazette de Normandie*, année 1873, on lisait : « La maison Ribard ou hôtel Ribard, situé 34, rue de la Vicomté, se recommandait comme ayant été de vieille date le foyer d'une famille normande de hauts négociants et de magistrats distingués chez lesquels les mâles vertus et les plus sérieuses qualités semblent s'être transmises par voie d'hérédité. »

Et dans la *Revue de Normandie*, année 1867, sous la signature de l'abbé Cochet : « L'hôtel Ribard. On appelait ainsi le foyer d'un homme de bien, la maison n'était pas seulement recommandable par ses souvenirs, elle était fort intéressante par le travail de son ornementation.

« La façade de pierres qui donnait sur la rue ne remontait qu'au XVIIIe siècle, mais dans la cour on voyait un joli rez-de-chaussée en bois du temps de François Ier. Grand nombre de pièces tapissant les murs étaient sculptées et chargées de dais et d'arabesques. L'architecture était décorée avec le plus grand soin, on y remarquait surtout neuf poutres ou piliers fort joliment ornés dans le style du XVIe siècle et une ravissante galerie dans le style de la Renaissance. »

L'hôtel Ribard, d'après le *Tableau de Rouen*, de l'année 1777, servit autrefois aux séances de l'Echiquier.

Le plus ancien des représentants de la famille Ribard que nos recherches personnelles et les souvenirs intimes mis à notre disposition nous permettent de citer est Jean-Nicolas Ribard, fils de Jean Ribard et de Marguerite de Verson, né à Rouen en 1694, marié le 26 janvier 1724 à Elisabeth Thérèse, dite Javotte, Sangdelion ou Sandelion.

Jean Nicolas Ribard joignait à la force physique et à la jovialité du caractère, une grande valeur intellectuelle, un esprit supérieur très-décidé, juste et droit. Il parlait les langues italiennes, espagnoles, anglaises, allemandes et hollandaises, le grec et le latin.

Après d'importants services rendus à l'Etat pendant les disettes de 1721, 1725, 1731 et 1740, J. N. Ribard fut mandé à Paris par le ministre du commerce qui, après l'avoir félicité, voulut le conduire lui-même, dans sa voiutre, à l'audience du roi Louis XV.

Ce n'était pas la première fois que J. N. Ribard avait l'honneur d'être présenté à la Cour et la tradition nous a conservé le récit d'une précédente audience.

Bien qu'ayant contracté de belles alliances et bien que son hôtel à Rouen fut le rendez-vous de la plus brillante noblesse de la province, J. N. Ribard avait conservé la simplicité des mœurs patriarcales et s'était toujours refusé malgré les observations réitérées de ses proches à porter les manchettes de dentelles qu'exigeaient la coutume et la mode du temps.

Le ministre avait prévenu le roi de l'originalité de J. N. Ribard à propos des manchettes et du peu de probabilité qu'il y aurait à le décider à se présenter à l'audience royale avec le complément ordinaire d'un costume véritablement habillé. Mais le ministre avait compté sans Javotte qui, pour la circonstance, et, étant donné l'insigne honneur d'être présenté au Roi, avait obtenu de son mari qu'il s'orna d'un jabot et de manchettes de dentelles. Il se rendit donc ainsi paré à la Cour, à l'heure qui lui était fixée et attendit longtemps son tour d'audience. Chaque fois que la porte s'ouvrait pour laisser entrer ou sortir un visiteur, le gentilhomme de service regardait dans l'antichambre paraissant chercher quelqu'un qui se serait fait attendre. Enfin, après un assez long temps, il s'informe : N'y a-t-il personne venu de Normandie qui s'appelle Ribard ? Et sur une réponse affirmative. — Venez, sa Majesté vous attend depuis longtemps. — Il y a aussi bien longtemps que je suis ici, dit le Rouennais, je suis arrivé avant l'heure indiquée. — C'est vrai, dit le gentilhomme en souriant, mais le ministre avait annoncé un homme qui ne portait pas de manchettes. — Ne voyant pas le Roi qui s'avançait au devant de lui, Ribard arrachait les malencontreuses dentelles en murmurant entre ses dents : — Je l'avais bien dit à Javotte. — Louis XV, lorsqu'on lui rappelait la visite du normand disait : Ah ! oui, l'homme aux manchettes.

A cette époque, le Roi offrit à J. N. Ribard des lettres de noblesse qu'il refuse voulant continuer son négoce.

On trouve dans les archives provenant de l'abbaye de Montivilliers que J. N. Ribard a été en Espagne au monastère de Las Huelgas pour défendre les intérêts de l'abbesse dans un procès qu'elle soutenait contre Mgr de Saulx-Tavannes, archevêque de Rouen, dont l'abbaye de Montivilliers déclinait la juridiction.

Jean Nicolas Ribard mourut à Rouen le

31 juillet 1758. Son corps déposé dans l'église Sainte-Croix-des-Pelletiers, fut ensuite transporté dans l'église Saint-Vincent pour y être inhumé *dans le tombeau de ses ancêtres.*

Une pierre tombale récemment restaurée, marque l'emplacement de cette sépulture.

J. N. Ribard eut cinq enfants :

1° Jean Philippe Nicolas, qui suit :

2° Jacques Paul Vincent, décédé sans postérité.

3° Madeleine Marie Françoise, mariée en 1766 à Antoine Simon Pierre Levieux, qui fut juge-consul et échevin de la ville de Rouen. Agathe Levieux, leur fille, épousa le 8 mai 1791 Jacques Michel Morris, écuyer, fils de Jacques Morris, officier au régiment de Dillon et de Marguerite Aubourg de la Romerye. Le célèbre général Morris, des guerres de l'Algérie, était son fils.

4° Marie, mariée en 1776 à Louis Hurard.

5° Marie Marguerite Thérèse, mariée : 1° à Pierre Jacques Testart, écuyer, sieur de Bellemarre, Sacquenville et Villé-s/-Damville (1). 2° en

(1) Pierre Jacques Testart fut inhumé en 1771, en l'église Saint-Vincent, à Rouen, dans le caveau de la famille Ribard.

1776 à Jean Holker, écuyer, ancien capitaine au régiment d'Ogilvy, chevalier de Saint-Louis, inspecteur général des manufactures, membre de la Société royale d'agriculture.

Jean Philippe Nicolas Ribard, écuyer, naquit à Rouen le 21 décembre 1724, remplit pendant plusieurs années les fonctions de juge-consul et d'échevin, d'administrateur de l'Hôtel-Dieu et de directeur des octrois. En 1790, il fut élu le premier, officier du corps municipal. « Ribard refusa la mairie donnée alors à Le Pelletier d'Estoutteville. Elu président de l'assemblée électorale de la Seine-Inférieure, il se fit remarquer dans ses délicates fonctions par ses lumières, sa droiture et l'aménité de son caractère. Il mourut à Rouen le 26 juin 1798, fut regretté de ses concitoyens et notamment des pauvres qui lui étaient redevables de nombreux actes de bienfaisance. » (1)

L'amour des pauvres, tel était en effet le principal souci de J. Ph. N. Ribard.

Adrien Pasquier qui lui consacre une de ses

(1) Biographies normandes de Th. Lebreton.

biographies rouennaises insiste sur ce côté de son caractère. « Ribard, dit-il, était issu d'un père très distingué par l'étendue de ses connaissances et par sa probité. Il joignait à cette qualité un amour sans réserve pour les pauvres dont il prévenait la timidité en allant secrètement leur porter des secours à la faveur de la nuit ou en leur assignant chez lui des heures particulières pour leur distribuer ce qu'il croyait leur être nécessaire. Combien de familles n'a-t-il pas ainsi soustraites aux plus grands dangers, toute sa vie n'a été qu'un acte de bienfaisance.

Il fut échevin et juge-consul avant la Révolution. En 1789, les pauvres de la ville étant dans une grande détresse pour le pain qui était à un prix qu'ils ne pouvaient payer, l'hôtel de ville proposa une souscription le 18 juillet, à l'effet de procurer le pain aux citoyens peu fortunés à un prix au-dessous de celui de la police, M. Ribard donne 1.200 livres, Dans la même année, il fit don à la patrie de 93 marcs 6 onces d'argenterie..... Il a été fâcheux que M. Ribard eut placé 30.000 livres sur l'Etat qui ont été inscrites sur le Grand-Livre de la dette publique où cette somme a été réduite au tiers en rentes, ce qui a été encore une perte pour les pauvres qui y auraient participé. Il est mort plein de vertus publiques, le 26 juin 1798, à 73 ans 5 mois 25 jours. »

Le 28 juin 1786, dans la grande salle de l'archevêché, dite des Etats, Ribard fut présenté au roi Louis XVI, pendant l'audience accordée à la Chambre de commerce dont il faisait partie.

Sa bienveillance pour les humbles fût récompensée. Pendant la Terreur, J. Ph. N. Ribard fut traduit devant le tribunal révolutionnaire. Son perruquier en étant informé, accourut aussitôt et profita de l'état d'ivresse dans lequel se trouvait le président du tribunal pour s'écrier que le prévenu était bon citoyen et l'arracher ainsi à l'échafaud.

J. Ph. N. Ribard avait un goût délicat très prononcé pour la peinture et les arts ; sa collection de tableaux était remarquable. Plusieurs gravures lui furent dédiées par différents artistes. Nous en possédons deux tirées de son cabinet. L'une représentant une vue du château de Ryswick, de Ruysdaal, lui a été dédiée par Bacheley, graveur de talent, décédé à Rouen, en 1781. L'autre est une vue du château d'Arques, peinte par Lecarpentier en 1782, gravée par Picquenot. Ces deux artistes en ont fait la dédicace à M. Ribard et ont gravé ses armoiries entourées des attributs du commerce maritime au bas du tableau.

Les armes des Ribard y sont blasonnées e — d'argent, à l'ancre de sable; au chef d'azur, chargés de trois roses du champ.

Dans le plan de Rouen, gravé en 1784 et dédié aux échevins, le chef est de gueules et les roses d'or. On trouve un autre variante sur un vitrail de l'église de Veauville-Lesquelles, vitrail donné par Madame d'Heudières-Ribard, les roses sont remplacées par des étoiles, mais rien ne justifie ce changement de pièces qui doit être attribué à une erreur de l'artiste.

J. Ph. N. Ribard avait le titre d'officier de panneterie chez le Roi et était trésorier du conseil de fabrique de l'église Saint-Vincent. Ainsi que nous l'avons vu plus haut, il acheta cette église au moment de la Révolution, puis en fit don à la ville de Rouen, sous la condition expresse qu'on y célébrerait toujours les exercices du culte catholique ou que la propriété de l'église retournerait à sa famille.

J. Ph. N. Ribard avait épousé, en 1755, Marie Catherine Guillemard, fille de François Guillemard, bourgeois de Rouen et de Marie Jagan. François Guillemard comptait parmi ses ancêtres le célèbre médecin Marin Le Pigny, décédé en 1583.

Ils eurent quatre enfants :

1° Vincent Prosper, qui suit :

2° Jean François, décédé sans postérité.

3° Philippe Félix, marié à Céleste Canivet, auteurs de la famille Rousselin.

4° Marie Elisabeth, née en 1759, mariée en 1776 à Pierre Nicolas de Fontenay, fils de Nicolas Eustache de Fontenay et de Marie Elisabeth Grandin.

P. N. de Fontenay était veuf d'Elisabeth Marguerite Thérèse Hurard. Né en 1745, il fut juge-consul, échevin en 1782, maire de Rouen de 1800 à 1804 et mourut membre du Sénat-Conservateur.

Vincent Prosper Ribard, né en 1764, épouse

en 1788 Marie Catherine Céleste Canivet, fille de Nicolas Canivet, sieur de Baïeul, qui appartenait à l'ancienne maison des Canivet, annoblie en 1517 (1).

L'année 1789, il fut nommé, à 25 ans, aux fonctions de quartenier qui étaient alors un stage obligé pour arriver à l'échevinage.

Au commencement de l'Empire, Prosper Ribard fut élu conseiller municipal, puis juge et président du tribunal de commerce de Rouen.

Lors de la Restauration de la royauté, en 1815, le duc de Castries, envoyé comme commissaire en Normandie, désigna M. Ribard dont les sentiments royalistes étaient bien connus comme maire provisoire.

Une ordonnance royale étant survenue portant que tous les fonctionnaires qui étaient en activité le 1er mars 1815, devaient reprendre leurs fonctions, Prosper Ribard dut céder la mairie au baron Lézurier de la Martel, mais ce

(1) Nous avons eu entre les mains un manuscrit de Mme V. P. Ribard, qui débute ainsi : « L'année 1788, 18 novembre, moi Marie Catherine Céleste Canivet me suis mariée à une heure après minuit, en l'église Saint-Jean, à M. Vincent Prosper Ribard, âgé de 24 ans, moi, 19. »

dernier ayant donné sa démission peu de temps après, Prosper Ribard fut de nouveau placé à la tête de l'administration municipale et y resta jusqu'en 1819.

De 1816 à 1825, il fut membre de la Chambre des députés et fit partie du Conseil général de la Seine-Inférieure jusqu'à la Révolution de 1830, époque à laquelle il quitta les fonctions publiques.

A la Chambre des députés, Prosper Ribard s'était spécialement occupé des questions de douanes, de commerce et de finances. Il fut en 1817 l'auteur d'un projet de loi sur la presse.

Prosper Ribard était membre de l'Académie de Rouen.

A une science remarquable, il joignait une piété sincère et une grande ardeur pour défendre les vérités fondamentales de la religion.

De sa retraite de Canteleu, il fit paraître en 1845 un opuscule intitulé : *Défense de l'œuvre des six jours et de la genèse contre les géologues*. On retrouve la même préoccupation dans le sujet du vitrail dont il a doté l'église de Bonsecours, près Rouen et qui représente les merveilles de la création.

Deux traits de la vie de Prosper Ribard nous sont fournis par le *Précis de l'Académie de Rouen*, année 1848, et servent à mettre en relief « le caractère et la droiture de M. Ribard et son amour du bien public. Lui, si connu pour sa vénération profonde pour la religion et ses ministres, s'empressa lors de la nomination du prince de Croÿ à l'archevêché de Rouen de proposer au Conseil général de supprimer l'indemnité annuelle de 25.000 francs dont avaient joui ses prédécesseurs, parce que le nouveau prélat ayant une fortune personnelle considérable et jouissant d'un traitement de 100.000 francs comme grand aumônier, cet argent pouvait selon lui être employé plus utilement.

Antérieurement, M. Demadières, maire de Rouen, demande au Conseil municipal de mettre une voiture à sa disposition. Mais M. Ribard s'y opposa disant que ce n'était pas là une dépense d'utilité publique et que ceux qui voulaient se procurer des jouissances personnelles devaient le faire à leurs frais. »

Les pratiques religieuses de Prosper Ribard se ressentaient de l'austérité du XVIIIe siècle.

Son admiration était grande pour l'école de Port-Royal et ses célèbres écrivains.

Sa mort fut celle d'un saint, il se souleva sur son lit, dit sa fille aînée, Madame Lemaréchal, dans son manuscrit, prononçant à haute voix ces paroles : « Je crois en Dieu, oui, je crois de tout mon cœur tout ce que la sainte église nous ordonne de croire. » Il s'éteignit ensuite doucement âgé de quatre-vingt-quatre ans.

Vincent Prosper Ribard eut cinq enfants de son mariage avec Marie Catherine Céleste Canivet.

1° Marie Céleste Ribard, née le 10 octobre 1789, décédée en 1849, mariée en 1812 à Michel Modeste Lemaréchal, d'où Marie, 1815, Thérèse, 1820 et un fils dont la descendance est actuellement représentée par la vicomtesse de Boynes.

2° Jean Nicolas Ribard, né le 6 décembre 1790, décédé en 1849, chevalier de la Légion d'honneur, conseiller à la Cour royale de Rouen, marié à Rosine Desnoyers, dont un fils, Prosper, 1819-1834, et une fille Emilie, née en 1815, mariée en 1843 à Louis Richard Le Desvé d'Heudières, ancien garde du corps de S. M. le roi

Louis XVIII, officier des grenadiers à cheval de la garde royale, démissionnaire en 1830.

3° Emilie, née le 13 août 1792, décédée en 1851, mariée à Athanase François Taillet, 1783-1852. D'où : Athanase Prosper Taillet, avocat, 1815-1883, marié le 25 mai 1842 à Appoline Marie Baudry, 1822-1851, et, Marie Thérèse Emilie, mariée à François Théodore Homberg, conseiller à la Cour impériale de Rouen.

4° Prosper Ribard, né le 4 août 1794, marié en 1823 à Sophie Garvey et en 1828 à Agathe Guisier, 1805-1882.

Du premier lit :

Eugénie, 1817-1885, mariée en 1838 à Armand, baron de Salvaing de Boissieu.

Du second lit :

1° Armand, 1829-1847. 2° Joseph, 1833-1876, marié : 1° en 1855 à Edith de Bray, fille du chevalier de Bray et de Marie Marthe Pain d'Etancourt. 2°, en 1867 à Noemi Anot de Maizière, fille de Jacques Cyprien Anot, inspecteur d'académie et de Jeanne de Maizière.

5° Marie Elisabeth Adélaïde Ribard, 1795-

1823, mariée le 20 décembre 1813 à Michel Théodore Le Picard, chevalier de la Légion d'honneur, fondateur du Comptoir d'escompte de Rouen, président de la Chambre de commerce. C'est une douce et sympathique figure que celle d'Adélaïde Ribard, dont le caractère sensible et aimant nous est révélé par une série de lettres écrites à son mari durant les séjours qu'elle fit à Bayeux, chez Madame Douesnel.

Ils eurent quatre enfants : 1° Eugène, 1815-1885, directeur particulier de la compagnie d'Assurances générales à Rouen, marié : 1° en 1838 à Anne Elisabeth Aglaé Cabanon, fille de Pierre Cabanon, membre de la Chambre des députés et de Anne Elisabeth Lézurier de Genneville. 2° en 1856 à Marie Reine Rosalie Salle, fille de Charles Alexandre Salle, général de brigade, commandeur de la Légion d'honneur et de Cécile Grandeau. 2° Paul Théodore, 1818-1881, marié à sa cousine Clémentine Le Picard. 3° Elisabeth, 1820-1878, mariée à Antoine Théodore Florian, baron de Rothiacob, chevalier de la Légion d'honneur, fils du baron de Rothiacob, chevalier de Saint-Louis et de Antoinette Philpin de Percey-le-Pautel. 4° Caroline 1821, mariée à O. Germain.

Théodore Le Picard, devenu veuf épousa en deuxièmes noces Louise Aimée Le Couteulx de Verclives, dont postérité.

CHARLES Le PICARD.

Donat de Malte.

www.ingramcontent.com/pod-product-compliance
Lightning Source LLC
LaVergne TN
LVHW020311230826
846091LV00006B/2631

9782011793942